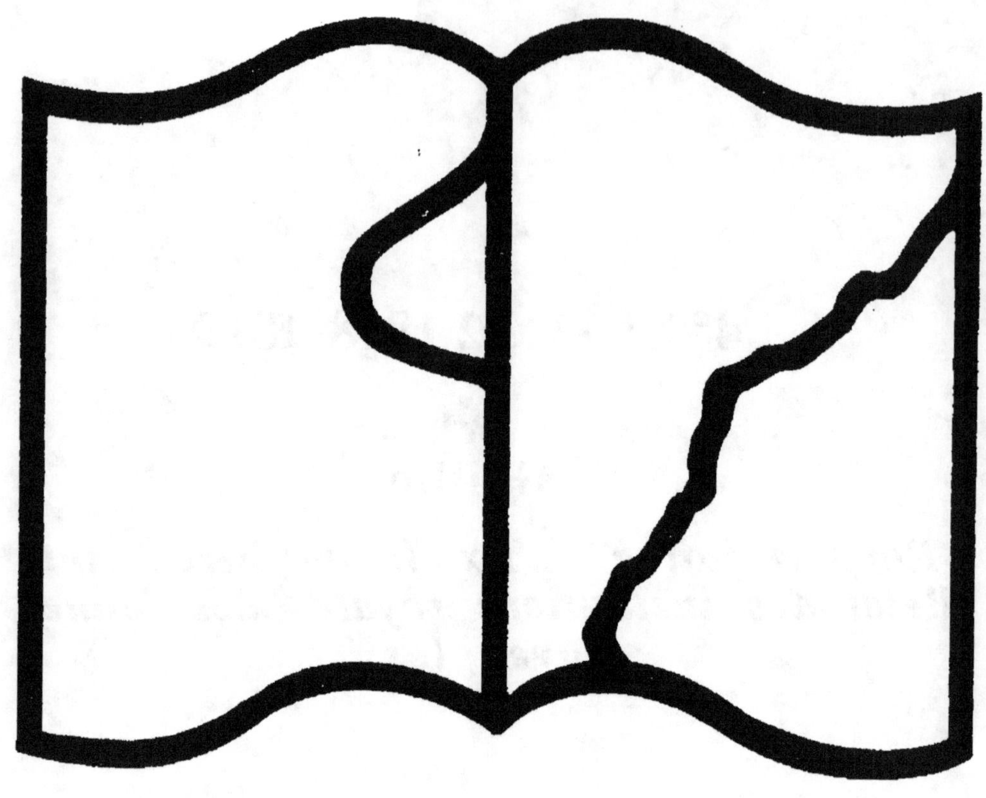

**Symbole applicable
pour tout, ou partie
des documents microfilmés**

Texte détérioré — reliure défectueuse

NF Z 43-120-11

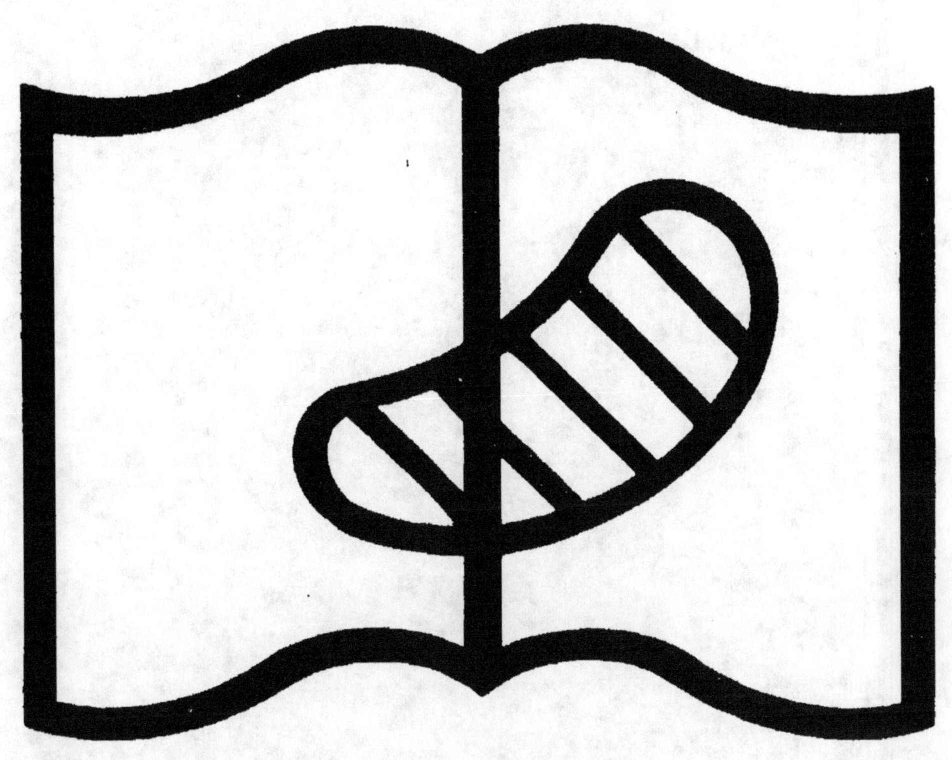

**Symbole applicable
pour tout, ou partie
des documents microfilmés**

Original illisible

NF Z 43-120-10

RAPPORT

FAIT A SON EXCELLENCE

LE MINISTRE, SECRÉTAIRE D'ÉTAT

AU DÉPARTEMENT DE L'INTÉRIEUR,

PAR M. GUILLIÉ,

SUR L'ÉTAT DE L'INSTITUTION ROYALE

DES JEUNES AVEUGLES,

PENDANT LES EXERCICES 1818 ET 1819.

PARIS,

DE L'IMPRIMERIE DE J.-L. CHANSON,

IMPRIMEUR DE L'INSTITUTION.

M. DCCC. XX.

RAPPORT

FAIT

A SON EXCELLENCE LE MINISTRE DE L'INTÉRIEUR,

Par M. GUILLIÉ,

Directeur-Général de l'Institution Royale des Jeunes Aveugles,

sur l'état de cet établissement,

Pendant les exercices 1818 et 1819.

MONSEIGNEUR,

Lorsque l'administration, dont je suis l'organe, eut l'honneur de rendre compte à Votre Excellence de l'état de l'Institution Royale des Jeunes Aveugles, pendant les exercices 1816 et 1817, elle n'avait pu encore, bornée par le temps et la modicité des ressources, effectuer tout le bien qu'elle avait le désir de faire à l'intéressant établissement confié à ses soins. Plus heureuse aujourd'hui, ses vœux sont en partie réalisés, et les Jeunes Aveugles, soustraits désormais aux horreurs du besoin, cesseront d'avoir une existence précaire : ils goûtent déjà les bienfaits d'une éducation qui les a rendus à la société, en leur apprenant à se suffire à eux-mêmes par le travail.

Puissé-je dignement exprimer les sentiments de leur reconnaissance pour le Gouvernement paternel auquel ils doivent cette nouvelle vie, et pour ces hommes infatigables dans la pratique du bien, dont les forces, le courage et la charité semblent s'accroître en raison des obstacles à surmonter, et qui ont, en quelque sorte, rendu facile, par un zèle qui ne s'est jamais démenti, ce qu'il y a de plus pénible dans mes fonctions.

Nous allons rendre un compte général de toutes les opérations faites pendant les exercices 1818 et 1819 ; mais, pour apporter plus d'ordre et de précision dans les détails, ce rapport sera divisé ainsi qu'il suit :

I. Acquisition du collége des Bons-Enfants. — Vente de la maison Ste-Catherine. — Constructions nouvelles.

II. Compte moral de l'établissement et des élèves. — Améliorations dans le service. — Progrès de l'instruction.

III. Comptabilité. — Tableaux comparatifs des dépenses et des recettes.

PREMIÈRE PARTIE.

On sentait, depuis long-temps, la nécessité d'acquérir un local vaste et commode pour y placer l'Institution d'une manière définitive, et faire cesser l'état d'instabilité dans lequel elle a toujours été depuis sa création. Placée dès l'origine aux Célestins avec les Sourds-Muets, elle en fut ôtée lorsque le Gouvernement voulut établir dans cette communauté une caserne de gendarmerie. Transférée alors dans le couvent des Filles Ste-Catherine, rue des Lombards, elle y demeura jusqu'à l'époque de la réunion de l'Institution avec l'Hôpital des Quinze-Vingts. L'expérience et le temps ayant démontré l'incohérence de ce rapprochement, il fut décidé que l'Institution serait rendue à sa première destination.

Toutes les recherches qu'on fit alors pour trouver un bâtiment national disponible furent infructueuses ; ces sortes de locaux ayant tous reçu une destination spéciale, il fallut se résoudre à prendre une maison à bail. Encore fut-il assez difficile d'en trouver une convenable à la séparation des sexes, et qui présentât toutes les commodités nécessaires à un service très compliqué.

Que de dépenses, que de soins inutiles, que de dégoûts même, si nous n'avions pu dès-lors nous livrer à l'espérance de devenir un jour propriétaires de la maison dans laquelle on allait établir les jeunes aveugles ! Ce fut cet espoir, tout éloigné qu'il était, qui nous détermina à préférer le collége des Bons-Enfants à beaucoup d'autres locaux qui nous auraient offert moins de sécurité pour l'avenir. Il y avait même possibilité d'agrandir, par la réunion de quelques maisons voisines, celle dans laquelle nous allions nous établir, si nous parvenions un jour à être autorisés à aliéner le couvent de Ste-Catherine.

Cette perspective ranima notre courage, et malgré mille obstacles que nous avions la confiance de surmonter, nous quittâmes l'Hôpital des Quinze-Vingts, le 20 février 1816, pour aller occuper le collége des Bons-Enfants.

Le propriétaire exigea un loyer de 7500 fr. par année, bien que sa maison ne fût cadastrée que 5200, et ne voulut en outre s'engager que pour cinq ans.

Forcés de subir ces dures conditions, nous fîmes, avec toute l'économie possible, les réparations indispensables pour approprier le local à nos besoins. Ces dépenses s'élevèrent néanmoins à 37,000 fr., somme énorme pour nous, dans une circonstance où les frais de translation et d'établissement étaient pris sur nos propres fonds.

Pénétrés plus que jamais, par ces incidents, de la nécessité d'acheter, toute notre attention fut tournée vers cet important projet, constant objet de toutes nos sollicitudes; mais un bail de 18 ans, fait par la précédente Administration aux locataires de Ste-Catherine, rendait extrêmement difficile la vente de cette propriété. Toutefois, nous adressâmes au Ministre, le 13 mai 1817, une demande pour être autorisés à aliéner cette maison que les Jeunes Aveugles avaient été autorisés à louer pour leur compte lorsqu'ils cessèrent de l'habiter (1).

A la nécessité d'acquérir une maison où l'Institution fut définitivement établie, se réunissaient d'autres motifs également puissants. Le premier résultait de la nature même de la propriété du couvent de Ste-Catherine qui était possédé simultanément par l'Adminis-

On forme le projet d'acheter le collége des Bons-Enfants.

____

(1) Lettre de S. Ex. le Ministre de l'Intérieur en date du 23 pluviose, an 10.

tration des hospices et par les Jeunes Aveugles, et dont plusieurs parties de bâtiment chevauchaient les unes sur les autres, et donnaient lieu à des contestations éternelles entre les locataires ; le second, parce que des établissements de charité qui possèdent des propriétés dont le revenu est indispensable à leurs besoins, ne peuvent point les entretenir convenablement, qu'elles dépérissent entre leurs mains et perdent une grande partie de leur valeur.

Dans l'espoir d'obtenir un meilleur prix du couvent de Ste-Catherine et de le vendre avec plus de facilité, on proposa de le diviser en quatre lots, ce à quoi l'Administration fut autorisée par ordonnance du Roi, en date du 24 décembre 1817. Mais les seuls locataires s'étant présentés pour enchérir, les autres acquéreurs ayant été rebutés par la longueur du bail, dont le maintien était une des clauses du cahier des charges, cette adjudication devint illusoire et sans effet. Il fallut recourir à un autre moyen, et obtenir une seconde ordonnance du Roi qui autorisât l'Administration à vendre au sieur Delarue, l'un des locataires, moyennant le prix de 193,200 fr.

La même ordonnance qui approuva la vente de la maison Ste-Catherine, autorisa l'acquisition du collége des Bons-Enfants ou St-Firmin, et d'une maison voisine pour y établir une chapelle et des infirmeries.

Les sommes provenant de la vente de la maison de Ste-Catherine furent ainsi réparties :

Pour prix du collége des Bons-Enfants et de ses dépendances, acquis du sieur Huin..................................145,000

Pour prix de la maison contiguë, acquise du sieur Rion...20,000

Pour le devis des réparations à faire à ces deux maisons 17,200

Pour droits d'enregistrement, rédaction d'actes... 11,000

Somme égale..... 193,200

Ce n'était qu'avec une timide réserve qu'on s'était déterminé à faire les dépenses de premier établissement dans le collége des Bons-Enfants, avant de l'avoir acquis au profit de l'Institution, dans la juste appréhension, n'étant que locataires, de perdre non seulement les améliorations faites, mais encore d'être obligés, à l'expiration du bail, de rétablir les lieux dans leur état primitif. Cette défiance se trouvait d'ailleurs légitimée par la conduite du propriétaire dont l'exigeance était extrême en toutes choses.

Rien n'a été changé dans la partie du bâtiment faisant façade au midi dans la rue St-Victor, et au nord dans la grande cour (1). Un clocher a été construit sur le comble. On y a placé l'horloge du couvent Ste-Catherine et la cloche qui appelle les élèves aux classes et aux ateliers.

---

(1) Le collége des Bons-Enfants est un des plus anciens de Paris : il existait dès le 12ᵉ siècle. Brantôme nous apprend que Saint-Louis l'honora de sa protection. Il tombait de vétusté lorsque le cardinal de Gondy le donna à St-Vincent de Paul, avec le titre de principal, pour y établir la mission, ce qui fut exécuté le 1ᵉʳ mars 1624.

L'année suivante, il fit bâtir sur les fossés de la ville, avec une somme de quarante mille francs qui lui fut donnée par Mᵐᵉ de Gondy, la partie du bâtiment où se trouve la porte cochère, et pour le faire avec plus d'économie, il profita des vieux bâtiments qui se trouvaient au levant, ce qui le força de donner au corps de logis qu'il fit construire une direction oblique.

Il habita, pendant deux ans, la chambre qui se trouve aujourd'hui au-dessus de la salle des bains : la tapisserie de nattes de paille qui y avait été placée de son temps, subsistait encore il y a trente ans; on l'entretenait avec soin et l'on n'admettait, dans cette chambre que les sujets qui se préparaient par la retraite à aller à St-Lazare. Un Christ en bois, une petite table, deux chaises et une couchette en faisaient tout l'ornement. Quel autre lieu eût été plus propre à inspirer des sentiments de charité et d'amour pour les hommes que la demeure de celui qui avait consacré sa vie au soulagement de l'humanité ?

Pendant son séjour au collége des Bons-Enfants, Vincent de Paul eut occasion de connaître Mᵐᵉ Marillac, veuve Legras, qui demeurait rue des Fossés-St-Victor, dans la maison qui porte aujourd'hui le n° 5. C'est de concert avec

Salle
des exercices
agrandie.

D'utiles changements ont été faits dans l'aîle de bâtiment qui confronte du levant avec la cour, et du couchant avec les maisons voisines : la salle des exercices a été augmentée d'un rang de gradins et d'une tribune à laquelle on parvient au moyen d'un escalier mobile, accroissements qui permettent de recevoir actuellement 400 auditeurs au lieu de 280.

Changement
dans la grande
tisseranderie.

La seule tisseranderie qu'on avait pu construire au couchant du réfectoire avait été planchéiée provisoirement pour ménager l'écoulement des eaux pluviales au-dessous, sans être obligé de changer

---

cette pieuse dame qu'il institua les sœurs de la charité, connues depuis sous le nom de Filles de St-Vincent de Paul. Mme Legras leur donna sa maison, qui est devenue le berceau de cette intéressante congrégation. Cet asile de la bienfaisance, qui a été respecté au milieu des orages révolutionnaires, n'a jamais cessé d'être occupé par des sœurs de la charité ; et c'est encore aujourd'hui, parmi ces vertueuses filles, une grande faveur d'y passer quelques jours.

Non loin du collége, à l'extrémité de la rue des Fossés-St-Bernard, on voyait au commencement du siècle dernier, une vieille tour où étaient renfermés des forçats qu'on envoyait chaque année dans les bagnes. Le saint prêtre allait, dans ses moments de délassement, visiter ces infortunés auxquels il apportait des consolations et d'abondantes aumônes ; et, pour pratiquer plus facilement cette bonne œuvre, il avait fait construire un sentier dont on trouve quelques traces le long du mur de clôture de nos promenoirs.

Enfin cette maison toute entière est remplie du souvenir des vertus de cet homme de bien. Pourquoi faut-il que d'autres souvenirs pénibles viennent altérer la joie qu'on éprouverait à se rappeler tout ce qui a été fait de surnaturel dans un lieu qui a été, pendant des jours déplorables, le théâtre des plus coupables excès (*) ?

(*) Cent soixante-cinq prêtres furent égorgés les 2 et 3 septembre 1792, dans ce collége transformé en prison, et qu'on appelait alors le séminaire St-Firmin. Cette scène d'horreur se passa dans le bâtiment neuf au bas du grand escalier des garçons. — En 1793, on plaça dans cette maison de silence et de prière, les femmes *des défenseurs de la patrie*, qui la transformèrent en un lieu de débauche ; en 1794 on y établit la section ; en 1795 on la donna au Prytanée ; en 1797 la commune de Paris la vendit, à vil prix, à un fournisseur des vivres, créancier de l'État, qui la revendit au sieur Huin duquel nous l'avons acquise. Puisse-t-elle après tant de vicissitudes, redevenir, en nos mains, ce qu'elle fut dans celles de son saint fondateur !

le système d'écoulement de ces eaux. Ce plancher devenu inutile a été supprimé depuis que des conduits en plomb réunissent l'eau dans une seule gargouille. Le sol de cette tisseranderie, qui a été élargie du côté du nord d'environ 12 mètres carrés, se trouve ainsi plus éloigné du comble de 80 centimètres. Le carreau de terre cuite qu'on a substitué au plancher donne de la fraîcheur, conserve le fil et fait disparaître le danger du feu que les aveugles ne peuvent pas toujours se dispenser de laisser tomber en desséchant les parés des chaînes. Enfin par l'enlèvement des poteaux qui supportaient le faîte, et qui ont été remplacés par des corbeaux en fer, on a élargi les passages latéraux de trois décimètres.

Dix-huit métiers se trouvent placés sur une même ligne dans ce vaste atelier, qui est très beau et très régulier.

Une seconde tisseranderie a été placée avec l'ourdissoir dans la pièce parallèle au vestibule, et dans la partie supérieure de cette même pièce qui a été divisée par un plancher, ont été placés trois métiers de 5/4; ces deux pièces communiquent par un escalier intérieur, et le cabinet du contre-maître de la tisseranderie se trouve placé à côté.

Deux autres tisseranderies ajoutées à la première.

A l'extrémité de la grande tisseranderie, et en retour, est le bâtiment acquis du Sr Rion, qui était composé, à chaque étage, de quatre pièces qu'on a réunies en une seule, de seize mètres de long sur treize mètres de large, éclairée, au midi, sur la toiture de la tisseranderie par deux larges croisées, et au couchant par trois croisées donnant sur une cour dépendante des bâtiments du Sr Rion.

Il a été facile d'établir des communications entre notre bâtiment et cette vaste pièce qui avait fait autrefois partie du collége (1) et

---

(1) Le bâtiment neuf et les pièces en retour avaient été bâties en 1768 par les Lazaristes, qui avaient le projet de reconstruire la chapelle contre laquelle

qui n'en fut détachée qu'à l'époque où le Gouvernement concéda partie de ce local au Prytanée, et partie à la commune de Paris.

Chapelle.

C'est dans le rez-de-chaussée de cet aile en retour que nous avons établi la chapelle : on y entre par une porte principale à deux vantaux ouvrant sur le vestibule du grand escalier du nord à l'extrémité du réfectoire, et par une porte bâtarde qui donn dans la tisseranderie; c'est par cette porte que les élèves se rendent aux offices les jours ouvrables; les demoiselles arrivent à la tribune qui leur est réservée, par une porte qui se trouve au dernier palier de leur escalier.

L'autel, qui a la forme d'un tombeau antique, supporte deux colonnes isolées, surmontées d'un chapiteau ionique dont les listels, denticules, corniches, et socles sont dorés, sur un fond de marbre varié. Dans l'entrecolonnement on a pratiqué une niche dans laquelle est une vierge en plâtre; et aux parties latérales et extérieures de l'autel sont deux autres figures, aussi en plâtre, représentant des anges, dits adorateurs. De chaque côté du sanctuaire sont trois stalles pour les desservants et les employés. On entre dans la sacristie (2) par une porte qui se trouve à la droite de l'autel, et qu'on a répétée symétriquement de l'autre côté, ainsi que la fenêtre qui est au-dessus.

Autour du sanctuaire et dans toute l'étendue de la chapelle, règne un lambris d'un mètre 62 centimètres de hauteur, surmonté d'un stylobate. Contre ce lambris est un rang de bancs et au dessous un marche-pied, isolé du sol de 17 centimètres. Au devant de ce premier banc est un appui avec un pupitre, pour supporter les

était appuyée l'ancienne porte St. Victor, démolie en 1737, et de faire régner trois ailes parallèles autour d'une grande cour carrée. La mort du principal, survenue en 1771, suspendit tous ces travaux qui n'ont plus été repris depuis.

(2) L'emplacement sur lequel a été construit la sacristie n'appartient point à l'Institution; il a été cédé, pour dix ans, par le sieur Rion, moyennant un loyer de 15 francs par année, avec la promesse de renouveler ce bail à son expiration.

livres en relief, et enfin contre cet appui est un second rang de bancs plus bas que le premier, lequel règne aussi autour de la chapelle : les élèves les plus âgés s'asseyent dans les bancs supérieurs, et les plus jeunes, qui ne savent pas encore lire, dans les bancs inférieurs, au-devant desquels il n'y a point de pupitres. La partie centrale de la chapelle, qui peut contenir 120 chaises, est carelée en marbre noir et blanc. Cette partie de la chapelle est destinée aux étrangers, lorsque l'office est public.

L'orgue est établi dans la tribune et entouré d'une grille en fer qui isole entièrement l'organiste.

Acquisition d'un orgue.

Les murs de la chapelle sont peints, comme ceux de la salle des exercices, en marbre de Sienne, et le plafond en bleu-céleste.

Vis-à-vis la chaire, on a placé un tableau représentant un des plus beaux traits de la vie de St-Vincent de Paul; nous avons cru devoir mettre ce lieu sous l'invocation de celui qui, pendant sa vie, le sanctifia par la pratique des plus aimables vertus. L'oratoire se trouve placé près des salles d'étude. Le lieu où l'on travaille et le lieu où l'on prie ne sont-ils pas également la maison de Dieu?

Au-dessus de la chapelle est une salle spacieuse, bien aérée, appelée la salle des conférences, où se font les répétitions générales des leçons d'histoire et de géographie. On a ménagé, dans cette salle, du côté du couchant, deux cabinets où l'on donne les leçons de chant, pendant l'hiver, et dans lesquels il y a un piano. Au devant de la cloison de séparation de ces cabinets, est la bibliothèque particulière des élèves. Cette pièce autrefois divisée par des cloisons ourdées, formait quatre cellules; il a fallu pour soutenir le plancher supérieur, mettre une ogive en charpente avec des arcs de ceintre, afin d'éviter d'avoir, comme dans les autres étages, des colonnes en porte à faux.

Grande salle des conférences.

Un pont triangulaire, situé à l'angle méridional et occidental, établit une communication facile entre le collége et la portion de bâtiment nouvellement acquise. C'est la possibilité d'établir ce pont, reconnue au moment même où nous louâmes la maison en 1815,

Pont de communication entre l'ancien et les nouveaux bâtiments.

qui nous a déterminés à proposer plus tard l'acquisition des autres bâtiments situés vers le nord, avec lesquels il n'y avait que ce seul moyen de communiquer.

Infirmerie pour les garçons.

L'infirmerie des garçons a été placée au second étage au-dessus de la salle des conférences. Elle communique, par le pont dont nous avons déjà parlé, avec le grand dortoir. Comme on doit avoir moins égard dans ces sortes de constructions à la symétrie qu'à la nécessité de rendre les locaux salubres, nous nous sommes attachés à corriger autant qu'il a dépendu de nous, par la disposition que nous avons donnée à cette infirmerie, les vices du climat et de la température : elle est moins élevée que ne le sont ordinairement les infirmeries dans le midi, et plus que celles du nord, afin d'éviter, d'une part, le froid, et de l'autre l'humidité (1). Comme il faut aux malades une plus grande quantité d'air respirable qu'aux autres personnes, nous n'avons placé que quatre lits dans cette salle, qui a 14 mètres quarrés; chaque lit est garni de rideaux de perkale jetés sur une flèche très-élevée; la couche est composée d'un sommier, de deux matelas, d'un traversin, de deux couvertures en laine et d'un couvre-pied en perkale.

Le cabinet de l'infirmier est attenant à l'infirmerie. Le bain de vapeur est établi dans ce cabinet, afin de n'être pas dans la nécessité de transporter ailleurs les malades qui ont besoin de ce genre de secours. La pharmacie est aussi dans cette infirmerie, ainsi qu'une grande table-bureau dans laquelle on renferme les linges à pansements, la charpie, les plantes sèches et les fleurs.

Au dessus de l'infirmerie, est la salle de conférence des filles,

---

(1) Ces inconvénients étaient remarquables dans l'ancien dortoir de l'Institution aux Quinze-Vingts, qui n'avait que trois mètres d'élévation : la décomposition de l'air y était frappante : le matin toutes les couvertures étaient imprégnées d'une vapeur humide comme si on les eût exposées à la rosée, et la prédominance de l'azote sur l'oxigène était telle, qu'on y respirait avec difficulté.

semblable à celle des garçons que nous avons décrite au premier étage.

L'infirmerie des demoiselles correspond à leur dortoir, comme celle des garçons. Elle contient également quatre lits, un cabinet pour l'infirmière, et une pharmacie; elle est cirée et frottée afin d'éviter la génération des punaises.

Les latrines qui, autrefois, divisées par une simple cloison en planches, étaient communes aux deux sexes, ont été élevées d'un étage. On a remplacé la toiture par une terrasse en plomb qui sert de promenoir aux convalescents, trop faibles pour descendre au jardin.

Les promenoirs ont été plantés d'arbres nouveaux. On a semé du gazon dans le quinconce et sur les bordures. Les jeunes enfants peuvent actuellement jouer sur l'herbe sans se blesser et sans déchirer leurs habits.

Nous devons à la bienveillance de M. le préfet une concession de deux lignes d'eau de la Seine qui fournit deux muids par jour, ce qui suffit aux besoins de l'établissement, et nous fait trouver une économie de trois cents francs par année. Cette eau est réservée dans un vaste bassin, d'où elle est ensuite transportée par des tuyaux dans toutes les parties de la maison; et l'on a placé des robinets aux cuisines, à la salle des bains, au lavoir, au réfectoire et jusque dans le quartier des filles.

L'un des deux robinets de la salle des bains, donne de l'eau froide, et le second emplit une chaudière où l'eau, arrivée à l'état d'ébullition, est conduite dans la baignoire par un tuyau particulier; un troisième robinet qui s'ouvre verticalement sur la partie centrale de la baignoire, sert à donner des douches.

Le parloir des garçons est contigu à la salle des bains et immédiatement à côté de la loge du concierge, qui a une ouverture dans ce parloir, au moyen de laquelle, il exerce une surveillance active sur les étrangers qui visitent les élèves.

L'acquisition de la maison du sieur Rion, ajoutée au collége des

Bons-Enfants, a rendu plus facile le service de la chapelle et des infirmeries; mais il manquait encore un local pour y placer l'imprimerie, la presse, la bibliothèque des livres en relief, et les classes d'instruments de cuivre trop bruyants pour être conservées auprès des autres salles d'étude.

Toutefois les facultés de l'Institution ne permettant pas de concevoir l'espoir même éloigné, d'acquérir aucun bâtiment voisin, le sieur Bourdereau, propriétaire du collége du cardinal Lemoine, nous ayant fait offrir une indemnité annuelle pour ouvrir sur nos promenoirs des jours qui lui avaient été refusés par notre vendeur, qui y attachait un prix excessif; cette proposition nous fit conjecturer justement que, ces jours étant indispensables au sieur Bourdereau pour éclairer la plus belle partie de son bâtiment, nous obtiendrions de lui, pour cette concession, une portion du collége du cardinal Lemoine. Nos espérances n'ont pas été trompées. Les deuxième et troisième étages de ce collége nous ont été cédés pour trente années, par acte passé, devant M⁰ Péan de Saint-Gilles, le 10 mai 1819; et l'Institution, en échange, a accordé au sieur Bourdereau le droit de percer des ouvertures grillées et maillées dans le mur de son bâtiment qui donne sur nos promenoirs. Il lui a été, en outre, cédé la nue-propriété de deux mètres de terrain à l'extérieur de ce mur et dans toute son étendue, afin de lui assurer la jouissance de ces jours, dans le cas où l'établissement cesserait d'occuper le collége des Bons-Enfants. Ce serait alors, seulement, qu'il deviendrait propriétaire incommutable de ce terrain. Jusque-là, l'Institution a renoncé à la mitoyenneté du mur, et s'est interdit la faculté d'y adosser aucune construction; il a été, de plus, stipulé qu'il serait accordé une indemnité annuelle au sieur Bourdereau pour l'usage des cabinets d'aisance des deuxième et troisième étages.

Ainsi, par la cession d'une chose, pour ainsi dire imaginaire et sans valeur pour nous, qui ne change rien à l'état de notre propriété, nous avons obtenu un avantage immense.

Le Roi, sur le rapport de son excellence le ministre de l'intérieur, a autorisé, par ordonnance du 22 juillet 1818, l'Institution
à opérer cet échange.

La communication a été facilement établie entre ces deux locaux,
par de larges baies pratiquées dans le mur de séparation. La différence des planchers n'étant que d'un mètre quarante centimètres,
il a suffi de sept marches pour les niveler.

La bibliothèque, la presse, l'imprimerie, ont été placées dans
les trois premières pièces de ce bâtiment; les quatre autres ont été
destinées à des classes où se donnent les leçons d'instruments à
vent (1). Il confronte, au nord, sur des chantiers; il est éclairé
par huit croisées, et reçoit un grand volume d'air. Au midi, règne
un vaste corridor qui sert de promenoir d'hiver. Chaque porte a
été percée, pour faciliter la surveillance, d'une ouverture en forme
de bouclier.

Le logement de l'aumônier, qui communique avec les infirmeries
et celui de quelques autres employés, se trouve dans le deuxième
étage de ce bâtiment qui peut être desservi séparément, au besoin,
par un escalier particulier qui a son issue dans une cour qui donne
dans la rue de Poissy.

Pour donner une idée plus complète des bâtiments occupés par

---

(1) Jean Calvin, le réformateur, qui avait étudié aux colléges de la Marche
et de Montaigu, a habité en 1535 la dernière chambre au couchant à l'extrémité du corridor. Lorsqu'on vint, l'année suivante, pour le saisir par ordre du
lieutenant criminel Jean Morin, il se cacha dans une vieille tour qui est en face
du quartier dit de la cloche. Il ne reste plus aujourd'hui que quelques vestiges
de cette tour qu'on appelle encore la tour de Calvin. On assure qu'il fit, y étant
renfermé, une nouvelle édition de son commentaire sur les deux livres de la
clémence de Sénèque, qui avait été déjà imprimé à Noyon en 1532. C'est de
cette époque qu'on lui donna le nom de Calvin au lieu de celui de Cauvin
que portait son père, parce qu'il avait écrit, à la tête de cet ouvage, son nom en
latin (Calvinus) comme c'était l'usage dans ces temps-là. Il quitta cette tour
pour aller se réfugier au collége de Fortet, d'où il sortit, peu après, pour aller
dogmatiser à Angoulême et à Poitiers, sous le nom de Happeville.

l'Institution, de leur disposition intérieure et de leur étendue, j'ai joint à la description que je viens d'en faire, quatre dessins lithographiques, avec une explication sommaire des lieux.

DEUXIÈME PARTIE.

COMPTE MORAL. — INSTRUCTION.

C'est avec raison que Tenon disait, il y a trente ans, que les établissements de bienfaisance sont la mesure de la civilisation d'un peuple. On pourrait ajouter que la bonne tenue de ces établissements est une preuve que l'esprit d'ordre et d'économie peut, quelquefois, suppléer les ressources. Nous l'avons expérimenté nous-mêmes; car c'est moins par une abondance mal-entendue, que par la stricte observation de la règle, que notre établissement naissant s'est soutenu, et a prospéré au milieu d'une foule d'obstacles.

Pendant les longues années où l'Institution des Jeunes Aveugles détournée de sa destination primitive, n'était soumise à aucune règle précise; où chacun méconnaissait ses devoirs et les interprétait à sa manière, on avait vainement tenté d'y rétablir l'ordre.

Comme une terre en friche, l'établissement n'a produit aucun fruit durant ces longs jours de deuil; et deux générations d'aveugles ont traversé cette maison, sans laisser d'autres souvenirs que celui des dépenses stériles qu'ils ont occasionnées au Gouvernement, pendant leur inutile séjour. C'est même avec douleur que nous sommes forcés de dire qu'à l'époque de la réorganisation de l'établissement, il fut reconnu qu'un des plus efficaces moyens de réforme, était le renvoi d'un grand nombre de ces élèves indisciplinés.

Réorganisation de l'Institution.

Enfin nous nous sommes attachés à détruire tous les abus, persuadés que le désordre vient plutôt du mal qu'on souffre, que du bien qu'on ne fait pas.

La même émulation, que nous avions signalée dans notre précédent rapport s'est toujours soutenue, depuis qu'une heureuse rivalité s'est établie entre les élèves.

Impatients de connaître leurs forces, ils ont demandé, avec instance, que des concours plus rapprochés renouvelassent ces luttes salutaires, si avantageuses à ceux qui s'occupent des mêmes travaux.

Tout l'ensemble de l'enseignement a été modifié, et l'expérience n'a pas été perdue pour nous. Des livres élémentaires ont été imprimés pour les jeunes enfants qui apprennent à lire. Depuis long-temps nous avions reconnu que la lecture sur le plomb fatigue, use le toucher de ceux qu'on y applique trop long-temps; et cependant comment pouvoir éviter cet inconvénient, puisque ce qu'il importe le plus d'apprendre de suite au jeune élève reçu à l'Institution, c'est la lecture.

Le papier, moins résistant que le plomb, n'altère pas autant la faculté de toucher; c'est ce qui nous a déterminés à imprimer des exercices syllabiques en gros caractères.

L'étude des Langues a été perfectionnée, et de nouvelles méthodes l'ont rendue plus facile et plus prompte. Cette étude, autrefois trop négligée, nous a paru digne de toute notre attention, puisqu'elle est très-utile aux aveugles qui trouvent aisément à se placer comme truchemans, en sortant de l'Institution.

Le même soin a été donné à l'enseignement de la géographie qu'on a singulièrement perfectionné, par la confection de nouvelles cartes en relief, et par l'usage des tableaux synoptiques que nous avons adoptés depuis un an.

L'écriture n'est plus, aujourd'hui, un tour de force oiseux et de pure curiosité. Les changements heureux qui ont été faits aux anciens procédés, sont la substitution de cordes à boyaux élastiques aux réglettes en acier, la possibilité d'écarter ou de rapprocher, à volonté, ces cordes au moyen de petites chevilles qui se trouvent aux angles supérieurs et inférieurs du chassis mobile. Toutes ces modifications ont fait disparaître les difficultés qui s'opposaient à ce que les aveugles pussent écrire d'une manière régulière, ce à quoi ils sont parvenus maintenant.

Les classes de mathématiques ont été multipliées; et les aveugles, si naturellement disposés à cette étude, peuvent s'y perfectionner.

La musique, qui fait, par excellence, le bonheur et la consolation des aveugles, n'a pas été moins cultivée que les autres branches de l'instruction. Aidés des conseils de plusieurs professeurs du Conservatoire (1), nos élèves ont appris l'harmonie et la composition.

Nous avons acquis un orgue à deux claviers, seize registres, deux sommiers et une octave de pédales; il a été placé dans la tribune de la chapelle : les élèves font eux-mêmes le service de l'office divin, et apprennent ainsi la profession d'organiste.

Un autre orgue moins considérable sert aux études préparatoires; car nous avons reconnu qu'il est impossible d'acquérir l'habitude de cet instrument, en jouant sur le piano. On ménage ainsi le grand orgue, et on n'expose pas les élèves, qui seraient obligés d'aller s'exercer dans la chapelle, à perdre le respect dû au lieu saint.

Cinq pianos ont été acquis depuis la translation (2).

Une classe de chant a été ouverte l'année dernière pour les garçons. Ceux qui ont de la disposition pour la musique vocale reçoivent trois leçons par semaine.

----

(1) Nous déplorerons long-temps la perte de M. l'abbé Rose, bibliothécaire du Conservatoire de musique, et de M. Duport, violoncelle de la chapelle du Roi. Ces deux savants compositeurs prenaient un si tendre intérêt à nos élèves qu'ils ne négligeaient rien pour les instruire. Nous avons les mêmes éloges à donner à M. Perne, inspecteur du Conservatoire, le successeur et l'ami de feu l'abbé Rose, à MM. Adam, Habeneck, Dacosta, etc.

(2) A ce nombre il faut ajouter trois autres pianos qui ont été donnés par le directeur, l'un en 1817, le deuxième en 1818, et le troisième l'année dernière.

Enfin, l'enseignement de la musique instrumentale est confié à des maîtres aveugles, secondés par des répétiteurs choisis parmi les élèves les plus intelligents : cette étude a fait des progrès sensibles depuis deux ans.

Une bibliothèque nombreuse, la seule de ce genre qui existe au monde, a été pourvue, comme par enchantement, dans le court espace de deux années, de tous les livres nécessaires à l'instruction.

Cette singulière bibliothèque n'est pas ce qui paraît le moins remarquable aux étrangers qui visitent l'Institution. C'est avec ces livres, qui ont été composés et imprimés par les aveugles eux-mêmes, qu'on parvient à les instruire, et qu'ils acquièrent, sans aucun secours étranger, des notions de littérature, d'histoire, etc.

Le nombre des volumes imprimés, depuis la translation jusqu'à ce jour, s'élève à 1720.

SAVOIR :

Grammaire Anglaise, in-folio, ...	3o volumes.
Choix de morceaux anglais, in-fol., ...	65 vol.
Grammaire Latine, 1re et 2me partie, in-fol., ...	13o vol.
Selectæ è Scriptoribus Romanis, 1re et 2me partie, in-fol.,	13o vol.
Grammaire Grecque, 1re et 2me partie, in-fol., ...	13o vol.
Anthologie Grecque, in-fol., ...	65 vol.
Grammaire Italienne, 1re et 2me partie, in-fol., ...	13o vol.
Choix de morceaux extraits des auteurs italiens, in-fol.,	65 vol.
Grammaire Espagnole, in-fol., ...	13o vol.
Géographie, 1re et 2me partie, in-fol., ...	13o vol.
Éléments de Lecture, in-fol., ...	65 vol.
Choix de lectures pieuses, et Préparations pour la communion, in-fol., ...	65 vol.
Catéchisme, in-fol., ...	65 vol.
Office du matin, 1re et 2me partie, in-4°, ...	26o vol.
Office du soir, 1re et 2me partie, in-4°, ...	26o vol.
	————
	1720 volumes.

Bibliothèque
des livres
en relief.

Nous terminerons, cette année, les ouvrages déjà préparés, qui consistent en un Cours complet d'histoire, quatre volumes, in folio; Rhétorique Française ou Choix de morceaux extraits des Poëtes et des prosateurs français, trois volumes in folio; Épitres et Évangiles, pour les dimanches et fêtes de l'année, deux volumes in folio : chaque volume étant calculé à soixante cinq exemplaires, ces trois ouvrages produiront encore cinq cent vingt volumes.

Travaux manuels.

Nous ne perdons jamais de vue que la fin qu'on doit se proposer en instruisant des aveugles, est de les mettre à même de pourvoir, un jour, à leurs besoins par l'exercice d'une profession mécanique. C'est là le but essentiel et véritablement philantropique que nous nous efforçons d'atteindre, l'objet constant de toutes nos sollicitudes et le terme de nos travaux.

Les aveugles doivent être appliqués à des états pour lesquels ils paraissent avoir de la disposition; il ne faut jamais brusquer leurs goûts et leurs volontés. On doit toujours, cependant, faire en sorte que ces états soient appropriés le plus possible aux localités : le travail des villes ne peut pas être celui des campagnes.

Nous avons ajouté plusieurs métiers nouveaux à ceux qu'ils apprenaient déjà, et nous avons perfectionné les autres. On a vu, à la dernière exposition du Louvre, les produits de nos ateliers; et, afin de satisfaire pleinement la curiosité publique, et de ne laisser aucun doute, sur la dextérité des aveugles, à ceux qui ne les connaissaient pas, nous y avons fait travailler constamment quatre élèves qui répondaient, en même temps, aux questions qu'on leur faisait sur les différentes branches de leurs études. Nous avons remarqué, avec une vive satisfaction, que ces industrieux artisans excitaient un intérêt général; et, plus tard, nous en avons reçu des témoignages bien flatteurs, pour eux et pour nous, dans le rapport fait au Roi, sur l'exposition du Louvre, par son excellence le ministre de l'intérieur, et dans celui fait au préfet de la Seine, par M. le vicomte Héricart de Thury (1).

Parmi les ateliers qui ont reçu de l'accroissement, nous devons signaler l'Imprimerie. Nous sommes parvenus à imprimer huit pages in-quarto à la fois, avec une presse à cylindre que nous avons substituée à l'ancienne presse typographique qui ne produisait qu'un très-faible relief. Deux élèves mettent les cylindres en mouvement, au moyen d'un double engrenage. Un autre élève met le papier sur les formes, tandis qu'un quatrième élève ôte les feuilles imprimées, et les place sur l'étendoir. Et se relevant ainsi successivement, toutes les deux heures, on peut tirer, dans la journée, deux mille quatre cents feuilles.

La Sparterie et la Passementerie ont été aussi perfectionnées; et, sous peu, nous espérons pouvoir réussir à faire des tapis pelucheux, dits tapis anglais.

Nous aurions désiré avoir un local assez spacieux pour pouvoir y établir l'atelier de corderie, et ne point envoyer nos élèves travailler sur les boulevards du midi : cet inconvénient disparaîtra, si nous sommes assez heureux pour obtenir de l'administration des Hospices, l'autorisation d'établir, à nos frais, un atelier de corderie, le long du mur méridional de clôture de la Salpétrière.

La Tisseranderie a été augmentée de plusieurs métiers, et ces métiers ont été perfectionnés. Nous avons substitué des crémaillères en bois aux cylindres qui supportaient les chassis; les marches ont été séparées par des peignes en fer qui empêchent l'écartement. Les tableaux ci-après indiqueront les toiles qui ont été fabriquées dans cet atelier, en 1818 et 1819, tant à façon pour les Hospices de Paris, que pour les besoins de la lingerie. Nous observerons que ces travaux, interrompus long-temps par la destruction de l'atelier, lorsqu'on l'a reconstruit à neuf, n'ont pas été aussi considérables qu'ils l'auraient été sans cette circonstance.

Imprimerie.

Sparterie.

Passementerie.

Corderie.

Tisseranderie.

(1) Rapport fait au Roi sur l'exposition des produits de l'industrie, pag. 340.—Rapport du jury d'admission des produits de l'industrie du département de la Seine, par M. L. Héricart de Thury, pag. 280.

ÉTAT des toiles fabriquées à l'Institution, pendant les exercices 1818—1819 ; leur emploi et leur valeur.

NOMBRE des pièces.	AUNAGE.	LARGEUR.	NOMBRE DES							ÉVALUATION en ARGENT.		TOTAL par pièces.		TOTAL général.	
			TORCHONS.	TABLIERS de cuisine.	CHEMISES D'HOMME.	CHEMISES DE FEMME.	MOUCHOIRS.	DRAPS.	SERVIETTES.	fr.	c.	fr.	c.	fr.	c.
6	225	¾	140	»	»	»	»	»	»	»	80	112	»	112	»
2	50	⅔	»	»	»	»	112	»	»	»	80	104	40	104	40
3	106	¾	»	»	»	»	»	»	234	14	30	277	95	277	95
1	50	⅔	»	57	»	»	»	»	»	1	»	57	»	57	»
2	81	⅞	»	»	»	»	»	13	»	22	»	143	»	143	»
1	35	⅞	»	»	14	»	»	»	»	7	»	98	»	} 257	60
1	67	¾	»	»	»	29	»	»	»	5	50	159	60		
16	614		140	57	14	29	112	13	234					951	95

Il a été fabriqué en outre des toiles pour le chapelier et le peintre, à valoir sur ce qui leur est dû pour les travaux de la maison.

Plus, toile à carreaux et enveloppes pour l'Institution.......................... — 25 | 82

Et confectionnée à façon, pour l'administration des hospices, au prix de 25 c. le mètre, cit..... — 549 | 20

| 37 | 2197 | et |
| 53 | 2811 | |

Total général : 1526 | 97

TROISIÈME PARTIE.

MATÉRIEL ET COMPTABILITÉ.

Il est alloué à l'Institution sur le budget du ministère de l'intérieur une somme de 50,000 fr. C'est avec ce faible crédit que l'administration pourvoit à l'entretien de 90 élèves et de 18 employés ; qu'elle nourrit les uns et salarie les autres ; qu'elle acquitte des dépenses considérables, paie des retraites à d'anciens employés, répare les bâtiments et assure enfin toutes les branches d'un service très-compliqué.

Notre comptabilité qui a été la même pour les dépenses intérieures se trouve surchargée (pour mémoire) tant au débit qu'au crédit, d'une somme égale au produit de la vente de la maison Ste-Catherine, laquelle a servi plus tard, à faire l'acquisition du collége des Bons-Enfants.

On verra par les tableaux ci-joints quelles ont été nos dépenses et recettes pendant ces deux exercices, ainsi que les consommations en nature, le mouvement des élèves, les objets acquis, etc.

RECETTES.

NATURE DES RECETTES.	SOMMES perçues et applicables à l'exercice 1818.		TOTAUX.		OBSERVATIONS.
	fr.	c.			
REVENUS FIXES.					
Loyer de la maison rue des Lombards, terme de janvier....................	3400				Cette maison ayant été vendue avec jouissance des loyers à compter du 1er avril, l'Institution n'a reçu qu'un seul terme.
Loyer d'une boutique dépendante de l'Institution. 360					
Portes et fenêtres. 6 50	356	90	54,854	90	
Fonds accordé par le Gouvernement............	50,000				
Inscriptions de rentes sur l'État............	1098				
REVENUS VARIABLES.					
Secours accordé par le Roi................	5000				
Produit des travaux des jeunes aveugles......	993				
Pensions des jeunes élèves................	2728		9,064	50	
Indemnités payées par des élèves gratuits....					
Remboursement de sommes payées pour des élèves....................	243	50			
Boîte aux lettres....................	100				
RECETTES EXTRAORDINAIRES.					Le produit de cette indemnité fait partie du traitement du concierge.
Reçu de M. Delarue, à valoir sur le prix de son acquisition de Sainte-Catherine...	48,200				
— pour droits d'enregistrement..........	11,888	60			
— pour six mois d'intérêts, du 1er. juillet au 31 décembre 1818, de la somme de 145,000 f., par lui redue sur son acquisition....................	1625		63,706	30	
— pour remboursement du trop payé sur le premier trimestre de la contribution foncière....................	92	70			
— de M. Rion, pour indemnité de frais d'acte....................	100				
RÉCAPITULATION.					
Revenus fixes....................	54,854	90			
— variables....................	9,064	50			
— extraordinaires....................	63,706	30			
T O T A L..........	127,625	70	127,625	70	

DÉPENSES.

NATURE DES DÉPENSES.	SOMMES PAYÉES.		OBSERVATIONS.
	fr.	c.	
Sémestre do loyer du collége Saint-Firmin ou des Bons-Enfants, occupé par l'Institution.	3750		Cette maison a été acquise avec jouissance du 1er juillet.
Habillement des élèves............................	2196	45	
Entretien des vêtements, achat de bas, laine et fil pour les réparer........................	385	25	
Achat de linge neuf............................	o		La lingerie, entièrement dépourvue à l'époque de la translation, a été entretenue par la tisseranderie des élèves.
Fourniture et raccommodage de souliers.....	1076	75	
Blanchissage.................................	1961	33	
Pain.......................................	8337	20	
Viande.....................................	4328	65	
Comestibles divers, menues dépenses de la cuisine...................................	4191	74	
Vin..	3655		
Combustibles................................	2360		
Appointements..............................	14774	99	
Pension de retraite de 2,000 fr., au sieur Haüy.	3050		Il était dû, sur cette pension, un arriéré de neuf mois, qui a été payé sur le présent exercice.
Entretien de la chapelle, frais du culte et traitement de l'aumônier, du 1er juin au 31 décembre...........................	706	40	
Achat et réparations d'instruments de musique, et frais d'instruction...............	4719	50	
Travaux manuels, achat de matières pour les divers métiers de tisserand, sparterie, etc..			
Salaire des contre-maîtres...................	2070	15	
Frais d'infirmerie, achat de médicaments....	717	93	
Traitement du médecin......................	800		
Contribution foncière de Sainte-Catherine, antérieurement au 1er avril de cette année..	960		Cette contribution ayant éprouvée une réduction, M. Delarue a restitué 92 fr. o dont il est fait recette au chapitre 1er.
Contribution de la maison de la rue St-Victor, du 1er juillet au 31 décembre 1818........	507	85	
Contribution des portes et fenêtres, 1818....	140		
Éclairage de la maison et des employés......	1357	75	
Achat de maisons, frais d'actes, enregistrement, transcription et purge des hypothèques.....................................	38862	26	
Constructions et réparations dans lesdites maisons, autorisées par Son Excellence......	14824	96	
Constructions et réparations antérieures.....	7077	34	
Achat, entretien et réparation du mobilier, dépenses de service, etc...................	4571	90	
Frais de bureau.............................	242	30	
TOTAL...........	127625	70	

4

RELEVÉ du nombre des élèves existants au 31 Décembre 1818, dans l'Institution Royale des Jeunes Aveugles.

MOIS.	ÉLÈVES		EMPLOYÉS NOURRIS.	TOTAL GÉNÉRAL.	TOTAL DES JOURNÉES.	OBSERVATIONS.
	GRATUITS.	PENSIONNAIRES.				
Janvier	72	4	16	92	2852	
Février	72	4	16	92	2576	
Mars	72	4	16	92	2852	
Avril	75	4	16	95	2850	
Mai.	74	4	16	94	2914	
Juin	75	4	16	95	2850	
Juillet	74	5	16	95	2945	Le nombre des journées a excédé de 1886 journées celui de 1817
Août.	75	5	16	96	2976	
Septembre. . .	75	5	16	96	2880	
Octobre. . . .	74	5	16	95	2945	
Novembre. . .	72	6	16	94	2820	
Décembre. . .	73	6	16	95	2945	
	883	56	192	1131	34405	

RELEVÉ *des denrées consommées dans l'Institution royale des Jeunes Aveugles, pendant l'exercice 1818.*

NATURE des DENRÉES	QUANTITÉS																									OBSERVAT.
	RESTANTES au 31 déc. 1817					ACHETÉES pendant l'exercice 1818					TOTAUX					CONSOMMÉES pendant l'exercice 1818					RESTANTES au 31 déc. 1818					
	kilogrammes	décagrammes	stères	litres	nombre	kilogrammes	décagrammes	stères	litres	nombre	kilogrammes	décagrammes	stères	litres	stères	kilogrammes	décagrammes	stères	litres	nombre	kilogrammes	décagrammes	stères	litres	nombre	
Pain						21141	33				21141	33				21141	33									
Viande						4556	50				4556	50				4556	50									
Vin				78					3876					3954					3844					110		
Légumes secs									2100					2100					1300					800		
Riz						50					50					50										
Beurre	47					201					248					237					11					
Raisiné						77	50				77	50				77	50									
Œufs										8486					848					8486						
Fromage						241	90				241	90				241	90									
Sel	25					400					425					355					70					
Poivre						3					3					3										
Huile à manger						92	50				92	50				84	50				8					
Vinaigre				30					278					308					206					102		
Bois de chauffg.			60					160					220					170					50			
Charbon de bois			100					4250																		
Chandelle						87					87					87										
Huile à brûler						270					270					270										

RECETTES.

NATURE DES REVENUS.	SOMMES perçues et applicables à l'exercice 1819.		TOTAUX.		OBSERVATIONS.
	fr.	c.			
REVENUS FIXES.					
Loyer d'une boutique dépendante de la maison rue Saint-Victor.................. 350					
Portes et fenêtres. 6 90	356	90			
Fonds accordés par le Gouvernement.	50,000				
Inscriptions de rentes sur l'État.............	1,098		51,454	90	
REVENUS VARIABLES.					
Loyer du 3ᵉ étage, du cardinal Lemoine, sous-loué par l'Institution......................	230				
Produit des travaux des jeunes aveugles......	905	75			
Pensions des jeunes aveugles, perçues en 1819.	3,700				
Indemnités payées par des élèves gratuits, pour tenir lieu de trousseau..................	252	60	5,188	35	
Boîte aux lettres........................	100				Le produit en a été abandonné au concierge pour compléter son traitement.
RECETTES EXTRAORDINAIRES.					
Secours accordés par le ministre de l'intérieur.	10,000				
Restitution faite par l'aumônier 1 50					
Vente d'effets hors de service......... 53 75	55	25			
(On ne parle que pour mémoire de la somme de 145,000 fr., qui restait due sur le prix de la vente faite à M. Delarue, de la maison Sainte-Catherine, cette somme ayant été déléguée à M. Huin, pour le remplir du prix de la vente qu'il a faite à l'Institution de la maison rue Saint-Victor, laquelle somme de 145,000 fr., au moyen de 20,000 fr. reçus le 1ᵉʳ. février 1819, est réduite à celle de 125,000 f., qui sera payée le 1ᵉʳ avril prochain.)			10,055	25	

RÉCAPITULATION.

	fr.	c.
Revenus fixes............................	51,454	90
— variables.........................	5,188	35
— extraordinaires....................	10,055	25
TOTAL.........	66,698	50

DÉPENSES.

NATURE DES DÉPENSES.	SOMMES payées.		OBSERVATIONS.
	f.	c.	
Habillement des élèves......................	3099	15	Il sera indispensable d'habiller incessamment les élèves qui n'ont pas reçu de vêtements depuis 1816.
Entretien des vêtements, achat de bas, laine, etc.	251		
Fourniture et raccommodage de souliers.....	1234	25	Il a été augmenté depuis que les élèves sont plus nombreux.
Blanchissage........................	2140	39	Cette dépense a été beaucoup moins forte cette année, quoique les élèves soient plus nombreux.
Pain...............................	6398	4	
Viande.............................	4294	46	
Comestibles, menues dépenses de la cuisine..	4121	20	
Vin...............................	2817		
Combustibles........................	2940		
Appointements	14650		
Pension de retraite à M. Haüy...........	2000		
Entretien de la chapelle, frais du culte et traitement de l'aumônier..................	1213	5	
Achat et réparations d'instruments de Musique, et frais d'instruction.................	6080	80	
Travaux manuels, achat de matières pour les ateliers, salaire des contre-maîtres.......	1987	42	
Frais d'infirmerie, achat de médicaments....	523	46	
Traitement du médecin.................	800		
Contributions foncières de la maison rue St-Victor.........................	880	30	
Portes et fenêtres.....................	110	50	
Éclairage de la maison et des employés......	1370	80	
Constructions et réparations arriérées.......	1221	8	
Idem, commencées le 1ᵉʳ août 1818........	7750	85	
Achat, entretien et réparation du mobilier, dépenses de service..................	5743	73	
Frais de Bureau......................	50		
Frais d'écurie.......................	0		
TOTAL.........	68457	48	

RÉCAPITULATION.

	f.	c.
La recette monte à.....................	66698	50
La dépense s'élève à....................	68457	48
La dépense excède la recette de...........	1758	98

RELEVÉ du nombre des élèves existants à l'Institution, le 31 Décembre 1819.

MOIS.	ÉLÈVES		EMPLOYÉS NOURRIS.	TOTAL GÉNÉRAL.	TOTAL DES JOURNÉES.	OBSERVATIONS.
	GRATUITS.	PENSIONNAIRES.				
Janvier	74	6	16	96	2976	
Février	77	6	16	99	2772	
Mars	77	6	16	99	3069	
Avril	78	6	16	100	3000	
Mai.	78	6	16	100	3100	Il y a eu, sur l'exercice 1817, un accroissement de...... 1886 journées, Et sur celui de 1818, cet accroissement a été de............. 2067
Juin	76	6	16	98	2940	
Juillet.	77	6	16	99	3069	
Août	78	6	16	100	3100	
Septembre . .	78	5	16	99	2970	Total sur les deux exercices... } 3953 journées.
Octobre. . . .	81	5	16	102	3162	
Novembre. . .	82	5	16	103	3090	
Décembre. . .	82	6	16	104	3224	
	938	69	192	1199	36472	

RELEVÉ des denrées consommées dans l'Institution royale des Jeunes Aveugles, pendant l'exercice 1819.

QUANTITÉS.

RESTANTES au 31 déc. 1818.

NATURE DES DENRÉES.	kilogrammes.	décagrammes.	stères.	litres.	nombre.
Pain					
Viande					
Vin				110	
Légumes secs				800	
Riz					
Beurre	11				
Raisiné					
Pruneaux					
Œufs					
Fromage de Gr.					
Sel	70				
Poivre					
Huile à manger	8				
Vinaigre				102	
Bois de chauff.			50		
Charbon de bois			50		
Chandelle					
Huile à brûler					
Morue					

ACHETÉES pendant l'exercice 1819.

NATURE DES DENRÉES.	kilogrammes.	décagrammes.	stères.	litres.	nombre.
Pain	21703	53			
Viande	4520	50			
Vin				4332	
Légumes secs				900	
Riz	69	50			
Beurre	246	50			
Raisiné	239				
Pruneaux	48				
Œufs					9659
Fromage de Gr.	266	65			
Sel	500				
Poivre	4				
Huile à manger	107				
Vinaigre				342	
Bois de chauff.			200		
Charbon de bois			4250		
Chandelle	90				
Huile à brûler	263				
Morue	123	17			

TOTAUX.

NATURE DES DENRÉES.	kilogrammes.	décagrammes.	stères.	litres.	nombre.
Pain					
Viande					
Vin				4442	
Légumes secs				1700	
Riz	69	50			
Beurre	257	50			
Raisiné	239				
Pruneaux	48				
Œufs					9659
Fromage de Gr.	266	65			
Sel	570				
Poivre	4				
Huile à manger	115				
Vinaigre				444	
Bois de chauff.			250		
Charbon de bois			4300		
Chandelle	90				
Huile à brûler	263				
Morue	123	17			

CONSOMMÉES pendant l'exercice 1819.

NATURE DES DENRÉES.	kilogrammes.	décagrammes.	stères.	litres.	nombre.
Pain	21703	53			
Viande	4520	50			
Vin				4372	
Légumes secs				1600	
Riz	69	50			
Beurre	245	50			
Raisiné	159				
Pruneaux	48				
Œufs					9659
Fromage de Gr.	266	65			
Sel	470				
Poivre	4				
Huile à manger	109				
Vinaigre				364	
Bois de chauff.			195		
Charbon de bois			4300		
Chandelle	90				
Huile à brûler	263				
Morue	123	17			

RESTANTES au 31 déc. 1819.

NATURE DES DENRÉES.	kilogrammes.	décagrammes.	stères.	litres.	nombre.	OBSERVAT.
Pain						
Viande						
Vin				70		
Légumes secs				100		
Riz						
Beurre	12					
Raisiné	80					
Pruneaux						
Œufs						
Fromage de Gr.						
Sel	100					
Poivre						
Huile à manger	6					
Vinaigre				80		
Bois de chauff.			55			
Charbon de bois						
Chandelle						
Huile à brûler						
Morue						

RÉGIME ALIMENTAIRE.

Nous n'avons rien changé au régime alimentaire si l'on n'en excepte quelques modifications dans la manière de faire le pot-au-feu (1). Nous attendons, avec impatience, que nos ressources

(1) La marmite ou plutôt le couvercle de marmite dont nous nous servons actuellement a été inventé par M. Lemare, docteur en médecine, qui lui a donné le nom d'*autoclave*. Toutes les marmites de quelque forme qu'elles soient peuvent être disposées de manière à recevoir ce couvercle : il suffit de faire braser sur le bord supérieur un collet ou rebord dirigé vers l'intérieur, ce collet reçoit un couvercle interne dont le pourtour appuie sur la partie inférieure du collet. Ce premier couvercle est maintenu dans la position que je viens de décrire par un tourniquet fixé supérieurement sur deux parties opposées du collet ; lorsque la vapeur élève le couvercle elle l'applique immédiatement contre la partie inférieure du collet. Plus la vapeur devient forte, plus l'application et l'obturation de l'orifice de la marmite sont exactes, et l'épanchement de la vapeur impossible ; une soupape de sureté placée au centre du couvercle prévient tout accident.

Dix minutes déterminent l'ébullition, et en quinze minutes le pot-au-feu est suffisamment cuit. Si après avoir retiré la marmite du feu on voulait conserver chaud pendant une heure, le liquide qu'elle contient, il suffirait de ne pas ouvrir la soupape.

Il n'est pas nécessaire d'écumer ni de rouvrir la marmite pour y placer les légumes après la viande : on met l'un et l'autre à la fois ; à l'ouverture de l'appareil on trouve le bouillon clair, la viande parfaitement cuite et répandant une odeur très-agréable, puisque la coction en a été faite sans aucune déperdition de matière volatile.

Si l'on veut obtenir un bouillon plus concentré ou même faire un consommé, on ajoute des os dans une proportion de deux parties contre une partie de viande (*), et en prolongeant l'ébullition pendant trois quarts

(*) C'est avec raison qu'on a remarqué que le bouillon d'os est fade et sans goût ; mais on évite cette insipidité par l'addition d'un tiers de viande et de beaucoup de légumes grillés. Je ne réponds rien à ceux qui objectent que le bouillon fait en 20 minutes, par la compression de la viande dans un appareil clos, ne peut valoir celui fait à feu nud dans une marmite qui bout pendant sept heures, en dégageant continuellement une buée humide et en laissant évaporer tous les principes aromatiques de la viande, qu'il convient au contraire de recueillir soigneusement. Depuis que Papin et l'abbé Desroziers ont écrit sur cette importante matière, cette assertion a été mille fois victorieusement réfutée par tous ceux qui s'occupent de pyrotechnie.

soient augmentées pour donner une plus grande proportion de vin : deux décilitres par semaine ne peuvent suffire pour rougir l'eau, et faire ce qu'on appelle dans les collèges *de l'abondance*. Cependant, il est d'autant plus fâcheux que nos élèves soient privés de vin que la plupart sont devenus aveugles à la suite de maladies chroniques, et auraient besoin d'un régime fortifiant. Nous voudrions aussi pouvoir donner de la viande plus succulente, celle que nous payons 95 cent. le kilogr. étant du collier ou des côtes, ne peut faire le bouillon très-substantiel, quelque précaution que nous ayons prise jusqu'à présent pour la cuire avec méthode. Il nous restera aussi à faire quelques améliorations à la table des maîtres et des pensionnaires. Il nous a été jusqu'à présent impossible de faire entièrement disparaître la monotonie qui accompagne l'usage trop souvent répété des mêmes mets.

CHAUFFAGE.

L'accroissement du local nous a obligés à augmenter le nombre des poêles, et cependant la consommation du bois n'a pas été proportionnellement plus forte que les années précédentes : cent dou-

---

d'heure, on obtient un bouillon saturé d'osmazone, très-concentré, d'une odeur et d'un goût extrêmement agréables. Lorsqu'on ouvre la marmite, la viande est en bouillie et les os presque fondus, quoiqu'on les ait mis entiers sans les moudre ni les contondre comme on le pratiquait à Munich, pour la marmite qu'a décrite M. Cadet-de-Vaux. Ce dernier résultat est trop important pour qu'il soit nécessaire d'insister sur son utilité et sur les avantages immenses qu'il présente sous le rapport de l'économie du temps et du combustible, et de l'excellence des produits.

Tout le mécanisme de cette marmite consiste dans le couvercle que la vapeur applique de l'intérieur à l'extérieur, et qui se fermant en effet luimême lorsque la vapeur agit, a autorisé l'inventeur à donner à cet appareil le nom d'*autoclave*, c'est-à-dire appareil qui se ferme lui-même, ce qui rend inutile les nombreux écrous, vis et griffes avec lesquels on avait coutume de clorre les machines à vapeur.

bles stères ont suffi pour l'entretien de la cuisine, des infirmeries, des classes et des ateliers où se trouvent quinze poêles, non compris les cheminées des employés. Nous attendrons que le temps ait sanctionné les avantages qu'on prétend devoir retirer du charbon de terre privé d'hydrogène, pour nous déterminer à faire usage de ce combustible ici, et nous ne le préférerons au bois que lorsque nous serons certains de retrouver par l'économie qu'il nous offrira les avances considérables qu'il faudrait faire pour les changements à exécuter à nos fourneaux actuels.

ÉCLAIRAGE.

Les frais d'éclairage ont été, comme ceux de chauffage, augmentés par l'étendue du local qui a nécessité six becs de plus. Ce service continue à être fait par le concierge ; et nous retrouvons, sur la différence du prix de l'entreprise, une économie de moitié.

BLANCHISSAGE.

Nous avons depuis long-temps renoncé au projet de faire blanchir le linge dans la maison, par les mêmes motifs qui nous ont déterminés à faire faire le pain à l'extérieur. Cependant nous voyons avec une peine infinie que notre linge se détériore rapidement entre les mains de blanchisseurs qui ne se servent que de la potasse d'amérique, dite potasse caustiquée, qui le corrode. Nous verrions avec plaisir devenir vulgaire le projet de blanchissage dont M. Cadet-de-Vaux a fait l'épreuve à la blanchisserie Bertholienne de Mme Fouques, à l'Isle-Saint-Louis, en présence de MM. les Préfets de la Seine et de police, de M. le vicomte Héricart de Thury et des Autorités Locales ; nous adopterions alors avec empressement ce procédé qui nous a paru aussi simple qu'économique (1).

____

(1) Il consiste dans la substitution de la pomme de terre cuite aux sels lixiviels, à la cendre, à la potasse, à la soude, enfin au savon même. Ce lavage se fait en huit temps : 1°. La veille du jour où l'on veut laver le linge

HABILLEMENT.

L'habillement des garçons que nous avons décrit dans le précédent rapport a été conservé le même tant pour la couleur que pour la nature du drap et la forme des habits.

Celui des demoiselles a été changé : la toile de coton violette que nous avions fait faire à Rouen, en 1817, a peu duré, et la couleur trop sombre de cette étoffe nous a fait sentir la nécessité d'avoir

---

on le met tremper dans une assez grande quantité d'eau froide pour qu'il soit couvert, celle de puits, de fontaine ou de rivière est indifférente : Il doit demeurer dans l'eau douze à quinze heures. 2°. Après ce temps, on retire le linge de l'eau, on le manie, on le froisse, on le tord et on le frappe avec le plat du battoir, ce qui facilite l'écoulement de l'eau et l'extraction des impuretés . Cette opération préalable a pour objet de faciliter le délayement de tout ce que l'eau peut dissoudre. 3°. Le linge déjà épuré, on le plonge dans l'eau chaude, où il doit demeurer une demi-heure; alors on le retire de l'eau pièce à pièce, on le tord légèrement pour ne pas présenter trop de liquidité à la pomme de terre (*) qui doit être cuite à la vapeur ou simplement à l'eau ; de manière qu'elle ait conservé assez de consistance pour être employée comme savon. 4°. Le linge sera retiré de la chaudière et déployé sur une planche; on empâte de pommes de terre épluchées les parties grasses, tels que sont dans les chemises, les poignets, le col, etc.; on le replie en l'arrosant légèrement d'eau chaude, on le froisse, on le frappe du plat du battoir pour bien pénétrer le tissu du parenchyme de la pomme de terre. 5°. Le linge ainsi empâté est remis dans la chaudière pour y bouillir une demi-heure ou même trois quarts d'heure s'il est très-sale, afin qu'il se trouve bien également imprégné de mucilage. 6°. On a recours à un second empâtement semblable au premier et à une seconde immersion dans l'eau bouillante pour la destruction des taches qui ont résisté. Le blanchissage est alors terminé. 7°. On retire le linge de l'eau bouillante, on le rince à l'eau froide, on le tord et on le bat jusqu'à ce que par plusieurs lavages, on soit parvenu à enlever toutes les portions de mucilage qui avaient pénétré dans le tissu. 8°. On tend le linge en plein air sur des cordes, et l'opération est terminée.

(*) On observera que le linge extrêmement sale, les torchons, les tabliers de cuisine, les couches et les langes d'enfant doivent se laver isolément du linge de table et de corps.

deux nuances. Les robes d'été sont en toiles de Jouy à pois sur un fond blanc, et celles d'hiver, aussi en toile de Jouy, sont violettes.

La différence du prix de ces toiles d'avec celles de Rouen est si médiocre, si l'on tient compte de la largeur, de la finesse et de la solidité du tissu, que c'eût été une économie très-mal entendue de ne pas préférer les premières. Quant à la forme des robes, il n'y a été rien changé.

INSTRUCTION.

La dépense de l'instruction a été, cette année, beaucoup plus considérable que les années précédentes, et cela s'explique facilement si l'on se rappelle l'état de dénûment absolu dans lequel nous étions autrefois; les travaux considérables que nous avons faits pour la bibliothèque des livres en relief; l'achat des livres en noir, des cartes géographiques, de la musique, des instruments, des caractères dont les poinçons furent gravés en 1817, et des casses qui les contiennent; enfin des métiers et outils pour les différents ateliers, aujourd'hui parfaitement pourvus.

Le tableau ci-après donnera un aperçu des objets acquis ou confectionnés dans la maison par les élèves, et de leur valeur.

NOMBRE.	NATURE DES OBJETS ACQUIS.	VALEUR.	
1	Presse en taille douce	252	50
1	Mécanique avec manivelles en roues denticulées, pour la presse.	600	
5	Tables en chêne pour la presse.	60	
1	Presse foulante à vis de pression, pour sécher le papier.	150	
72	Poinçons, matrices et moules, pour fondre les caractères.	594	50
	Caractères.	1600	
5	Pianos, 19 flûtes, 1 cor, 3 clarinettes, 1 contre-basse, 3 violons.	1850	
47	Musique gravée et partitions.	206	25
115	Cartes de géographie en relief, papier grand-raisin, reliure.	2600	
401	Livres en noir, brochés et reliés, pour la bibliothèque.	1021	
1604	Livres en relief, composés dans l'Institution.	7000	
8	Tableau et autres objets pour la chapelle.	198	
1	Grand orgue pour la chapelle, construit par Dallery.	2800	
1	Petit orgue, pour la classe d'harmonie.	292	
2	Baignoire et chaudière en cuivre.	514	
2260		19537	25

Nota. Les frais extraordinaires de construction et réparation des bâtimens acquis par l'Institution, ne sont point compris dans le tableau ci-dessus, qui ne présente que les dépenses ordinaires et courantes. Les mémoires des entrepreneurs, qui s'élèvent à environ 26,000 fr., seront acquittés avec le produit du recouvrement extraordinaire d'une révélation dans le département du Haut-Rhin.

SERVICE DE SANTÉ.

La santé des élèves s'est constamment soutenue, et nous avons eu très-peu de malades depuis deux ans. Dans la reconstruction de la maison nous n'avons rien négligé pour son assainissement; de grands courants ménagés dans les classes et les dortoirs renouvellent sans cesse l'air.

Soins de propreté.

Un domestique est spécialement chargé des soins de propreté. Les élèves sont peignés tous les jours et baignés régulièrement chaque mois.

Un bain de vapeur que nous venons de faire construire dans la grande infirmerie, nous met à même de traiter ceux qui pourraient être affectés de maladies de la peau, sans les envoyer, comme autrefois, dans des hôpitaux où séparés de leurs camarades et de leurs chefs, ils se trouvaient malheureux, et finissaient quelquefois par contracter de funestes habitudes.

Nécessité d'une petite maison de campagne.

Le service de santé sera complet lorsque nous pourrons avoir, comme presque tous les grands établissements d'éducation, une petite maison avec quelques arpents de terrain auprès de Paris, où nos enfants puissent aller respirer un air nouveau. Le directeur loua, pour eux, à ses frais, pendant l'été de 1818, quelques chambres à Gentilly, où tous les élèves à tour de rôle allèrent passer une couple de semaines. Le souvenir du plaisir qu'ils y goûtèrent s'est conservé parmi eux, aussi nos vœux sont-ils puissamment secondés par les leurs.

Si l'on en excepte l'achat ou le loyer de la maison la dépense générale serait très-peu augmentée par cette utile amélioration : un surveillant, pourvu, pour une semaine des aliments en nature, les ferait préparer sur les lieux sans qu'il fût nécessaire d'acheter autre chose que ce qui lui aurait été délivré par le cuisinier. C'est ainsi que l'on procède à Issy, pour le séminaire Saint-Sulpice; à Gentilly, pour la pension de M. Liautard, etc.

Clinique oculaire.

L'Institution si utile aux infortunés qui y sont accueillis, est également aux pauvres de l'extérieur. Le médecin de l'établissement, reçoit trois fois par semaine les indigents affectés de maux d'yeux, et leur donne ses soins gratuitement. Il suffit pour être admis à la clinique (1) d'être porteur d'un certificat d'indigence délivré par les bureaux de charité de l'arrondissement.

CHAPELLE.

Outre la difficulté que nous aurions éprouvée à envoyer nos élèves à la paroisse et le désordre que ce déplacement aurait introduit dans le service, notre embarras aurait encore été augmenté par la mauvaise saison, et la distance à parcourir pour se rendre à l'église la plus voisine (Saint-Étienne-du-Mont) nous obligeant à traverser cinq rues, nous avons trouvé de l'économie à faire construire une chapelle, et à avoir un aumônier dans la maison, dont le traitement réuni aux frais de culte ne s'élèvent qu'à 1,100.

Si, au prix des chaises qu'il aurait fallu payer à la paroisse, lequel se serait élevé à dix fr. tous les dimanches, on ajoute l'usure des vêtements et de la chaussure, les gratifications aux desservants pour les catéchismes et premières communions, etc., on reconnaîtra sans

-----

(3) Il existe depuis long-temps dans presque toutes les capitales de l'Europe, des cliniques spéciales pour le traitement des maladies des yeux, confiées à des médecins uniquement occupés de l'étude de ces maladies. Un très-grand nombre d'élèves distingués sortis de ces écoles, et d'excellents ouvrages publiés par les professeurs qui les dirigent, démontrent l'utilité d'une institution que la France réclame, et qu'on cherche encore vainement dans la capitale si féconde en établissements philantropiques.

C'est pour tâcher autant qu'il est en lui de réaliser ce vœu des amis de l'humanité, que depuis quatre ans, le Directeur a établi une clinique où l'histoire des maladies, écrite jour par jour par des élèves intelligents, donne matière à la publication d'un recueil périodique de faits et d'observations, qui pourra servir à perfectionner une branche importante de la médecine pratique qui avait peut-être été jusqu'à ce jour, beaucoup trop négligée.

peine, qu'il a été avantageux de disposer les choses comme nous l'avons fait.

Instruction religieuse.

Les élèves assistent tous les dimanches et jours de fête à la messe qui est précédée d'une courte instruction sur l'évangile du jour, et aux vêpres. L'aumônier dit sa messe tous les jours à la chapelle, mais les élèves ne sont pas tenus d'y assister. Il fait le catéchisme deux fois par semaine, un jour aux garçons et un jour aux filles, et deux fois aussi il les reçoit à confesse, en tel nombre et dans un tel ordre qu'ils y soient tous allés dans le courant du mois.

Enfin ils sont disposés aux quatre fêtes solennelles, par des retraites et des prédications; et pour donner à l'étude de la musique une direction pieuse, ils exécutent très-souvent dans la chapelle des morceaux de musique religieuse.

DÉPENSES DIVERSES.

Gratifications aux employés.

Lorsque les bases du traitement des employés de l'Institution furent arrêtées, le Ministre décida pour le bien du service qu'une partie de ce traitement serait éventuelle et remplie par des gratifications annuelles dont le Directeur réglerait la quotité selon que les employés qui y auraient droit, auraient rempli leurs devoirs avec plus ou moins de zèle. Nous n'avons pu jusqu'à présent leur donner une marque de satisfaction qui serait, en même temps, un acte de justice, puisque leurs traitements sont fixés au minimum, et que le rapport des employés avec les élèves n'est ici que : : 1 : 8 tandis que dans les hôpitaux où il n'y a point de service d'instruction, ni une surveillance aussi étendue, la proportion des employés avec les individus admis est : : 1 : 5 1/2(1).

Rapport des employés aux élèves.

Si nous sommes assez heureux pour obtenir cette année de M. le Préfet de la Seine, dont nous avons déjà reçu tant de marques d'intérêt, le dégrèvement des impôts fonciers que nous payons

____

(1) Rapport sur l'état des hôpitaux de Paris, par M. le comte Pastoret, page. 63.

pour la maison de l'Institution, nous employerons cette somme à gratifier les employés.

Presque tous les établissements publics en Allemagne et en Angleterre ont des lits en fer, forgé ou fondu; cet usage qui commence à s'introduire en France pour les hôpitaux, est on ne peut plus avantageux pour l'économie et la salubrité. Nous avons fait faire un lit modèle tel que nous désirerions en avoir quatre-vingt dix; mais comme le prix nous en a paru très-élevé (160 fr.), nous avons fait demander à Londres des desseins de ceux qu'on a adoptés pour la maison des aveugles de *St-Georges-Field*, afin d'établir une comparaison, et nous déterminer ensuite pour ceux qui réuniront l'élégance des formes et la solidité à l'économie dans les prix.

Lits en fer.

Un besoin non moins pressant de nos cœurs et dont la pensée nous occupe, depuis long-temps, est le désir de donner aux élèves qui sortent de l'Institution le moyen d'exercer le métier qu'ils y ont appris. Nous avons déjà eu un avant-goût de ce bonheur. Deux pensions sont payées sur nos fonds, l'une à Moreau de Paris, et l'autre à la fille Boisguillot, qui vit à Trappes dans sa famille.

Pensions aux élèves.

Aidés d'un faible secours de 80 à 100 fr. au plus, nos élèves seraient encouragés à pratiquer leur état, et nous aurions sur eux une inspection qui durerait autant que leur vie. Ces pensions ne devant être acquittées que sur un certificat de bonne conduite, délivré par le curé ou le maire de leurs villages. Une longue expérience nous a malheureusement appris que la plupart des aveugles qui ont quitté l'Institution (ceux des campagnes surtout), trouvant peu d'avantage au travail des mains, se livrent presqu'exclusivement à la profession de ménétrier, et contractent tous les défauts attachés à cet état.

Un capital de 15 à 20 mille francs, fruit de nos économies, placé sur l'Etat, suffirait pour l'exécution de cette bonne œuvre qui serait le complément de celle que le Gouvernement a si bien commencée dans l'Institution. Peut-être même suffirait-il de faire un appel à la bienfaisance, pour voir la caisse des pensions des pauvres aveugles, dotée comme on a vu autrefois des Etablissements philantropiques considérables être le fruit de la piété publique.

CONCLUSION.

Nous ne saurions terminer le compte que nous rendons à votre Excellence, sans lui signaler la conduite honorable et désintéressée des employés de l'Etablissement, et les droits qu'ils ont acquis à notre reconnaissance, pour le zèle, l'intelligence et l'activité qu'ils ont mise à remplir leurs devoirs.

C'est une véritable satisfaction pour nous de pouvoir vous donner, Monseigneur, ce témoignage que nous n'avons eu aucun abus à réprimer, et que l'Institution Royale des Jeunes Aveugles se montre, sous tous les rapports, digne de l'intérêt qu'elle inspire au Roi qui a daigné la relever de ses ruines, et aux Ministres qui secondent si heureusement les intentions paternelles de S. M.

LES ADMINISTRATEURS DE L'INSTITUT ROYAL
DES JEUNES AVEUGLES,

A SON EX. MGR. LE MINISTRE, SECRÉTAIRE-D'ÉTAT
AU DÉP^T DE L'INTÉRIEUR.

Paris, le 24 Mars 1820.

MONSEIGNEUR,

Nous avons l'honneur de transmettre à votre Excellence le second rapport sur l'état de l'Institution Royale des Jeunes Aveugles, pendant les années 1818 et 1819, qui a été rédigé, en vertu de l'article 151 du réglement, par le Directeur de l'Institution.

Notre estimable collègue, M. Guillié, qui s'est acquis de justes droits à l'estime publique par son dévouement et ses utiles travaux, vient d'ajouter encore à notre reconnaissance par le don qu'il fait à l'Institution de quatre cents exemplaires de son traité sur l'instruction des Aveugles, du prix de 4,000 fr.

Il a désiré que le produit de la vente de cet ouvrage fût employé en inscriptions sur le Grand-Livre, pour commencer le fonds des pensions qu'il a proposé de donner aux élèves, à leur sortie de l'Etablissement.

Nous avons cru, Monseigneur, ne pas devoir laisser ignorer à votre Excellence ce nouvel acte de générosité de celui qu'on peut appeler le père adoptif des Aveugles, et vous prier de nous autoriser à accepter sa proposition. Puisse-t-il trouver beaucoup d'imitateurs!

Nous nous flattons que votre Excellence verra avec satisfaction les heureux résultats obtenus dans toutes les branches de l'administration de l'intéressant Etablissement confié à nos soins, et qu'elle voudra bien, comme par le passé, continuer à l'honorer de sa bienveillance.

Nous vous prions, Monseigneur, nous autoriser à faire imprimer ce compte rendu au nombre de 5oo exemplaires.

Nous avons l'honneur d'être avec respect,

MONSEIGNEUR,

De votre Excellence,

Les très-humbles et très-obéissants Serviteurs,
COCHIN, LE COMTE ALEXIS DE NOAILLES,
LAFFON DE LADÉBAT, L'ABBÉ SICARD.

LE MINISTRE SECRÉTAIRE D'ÉTAT

AU DÉPARTEMENT DE L'INTÉRIEUR,

A MESSIEURS LES ADMINISTRATEURS

DE L'INSTITUTION ROYALE DES JEUNES AVEUGLES.

Paris, le 14 Avril 1820.

MESSIEURS,

Le Ministre de l'Intérieur a reçu le rapport que vous lui avez adressé sur l'état de l'Institution Royale des Jeunes Aveugles.

Le Ministre a vu avec satisfaction, par ce rapport, que des améliorations importantes ont été introduites pendant les deux dernières années, dans le service de l'Établissement dont l'administration vous est confiée, et que le zèle et les progrès des élèves ont continué de répondre aux soins et aux efforts du Directeur.

Son Excellence vous autorise d'après votre proposition à faire imprimer au nombre de cinq cents exemplaires le rapport que vous venez de lui soumettre.

J'ai l'honneur d'être,

Messieurs,

Votre très-humble serviteur,

Le Conseiller d'État chargé de l'administration des Hospices et Établissements de Bienfaisance,

BARON CAPELLE.

LE MINISTRE SECRÉTAIRE D'ÉTAT

AU DÉPARTEMENT DE L'INTÉRIEUR,

A MESSIEURS LES ADMINISTRATEURS

DE L'INSTITUTION ROYALE DES JEUNES AVEUGLES.

Paris, le 2 Mai 1820.

MESSIEURS,

En adressant au Ministre de l'Intérieur votre rapport sur la situation de l'Institution Royale des Jeunes Aveugles, pendant les années 1818 et 1819, vous avez annoncé à son Excellence que M. Guillié a fait à l'Établissement le don de quatre cents exemplaires de son traité sur l'instruction des Aveugles, et qu'il désire que le produit de la vente de cet ouvrage soit employé en inscriptions sur le Grand-Livre, pour commencer le fonds des pensions qu'il a proposé de donner aux élèves à leur sortie de l'Institution.

On ne peut qu'applaudir à cette nouvelle preuve de l'attachement que M. Guillié porte aux infortunés confiés à ses soins : rien ne s'oppose d'ailleurs à ce que le produit de la vente des exemplaires cédés aux Aveugles, soit employé d'une manière conforme aux intentions du donateur.

J'ai l'honneur d'être,

Messieurs,

Votre très-humble serviteur,

Le Conseiller d'État chargé de l'administration des Hospices et Établissements de Bienfaisance,

BARON CAPELLE.

EXPLICATION DES PLANCHES.

PLANCHE I.

Façade méridionale, principale entrée. Rez-de-chaussée. Salles de bains — de pensum, loge du portier, petite tisseranderie, réservoir, réfectoire des employés, casier.

1er *étage* : Logement du directeur, clinique oculaire.

2me *étage* : Bureaux de l'agent comptable, logement du 2e instituteur.

3me *étage* : Dépôt des habits, logement de la couturière, — de l'infirmière, — des lingères, cabinet des professeurs aveugles, lingerie.

4me *étage* : Logements des professeurs aveugles, — du maître de musique, — du cuisinier et des servants, horloge, salles de discipline.

PLANCHE II.

Façade occidentale. (l'indication de cette planche est la même que celle de la suivante, le bâtiment étant double.)

PLANCHE III.

Façade orientale sur la grande cour : Rez-de-chaussée, vestibule, réfectoire, grande tisseranderie, chapelle, salle des exercices, parloir des demoiselles.

1er *étage* : Classes et ateliers, salle de conférence, bibliothèque, salles d'études (cardinal Lemoine).

2me *étage* : Dortoir, infirmerie des garçons, logement de l'aumônier.

3me *étage* : Dortoir des répétiteurs, classes et ateliers des demoiselles.

4me *étage* : Dortoirs et infirmeries des demoiselles.

PLANCHE IV.

Plan géométrique.

1 *Escalier des garçons* — 2 *Escalier des demoiselles:*

—*(a)* entrée sur la rue St. Victor. — *(b)* grande cour. — *(c)* promenoirs. — *(d)* lingerie. — *(e)* bains. — *(f)* petite tisseranderie. — *(g)* bibliothèque des livres en noir. — *(h)* réfectoire des employés. — *(i)* grande tisseranderie. — *(k)* réfectoire des élèves. — *(l)* chapelle. — *(m)* atelier d'ouvrages au boisseau. — *(n)* 1er atelier de sparterie (paille). — *(o)* 2e atelier de sparterie (laine). — *(p)* 3e atelier de sparterie (jonc). — *(q)* cartonnage. — *(r)* atelier de tricot. — *(s)* classe de lecture pour les clair-voyants. — *(t)* classe de musique (harmonie) — *(u)* classe de mathématiques. — *(v)* classe du directeur (histoire, langues vivantes). — *(x)* classe du 2e instituteur (langues anciennes, géographie). — *(y)* répétition de la lecture en relief.

— *(aa)* grand corridor du bâtiment du cardinal Lemoine. — *(bb)* bibliothèque des livres en relief. — *(co)* presses. — *(dd)* classe de piano. — *(ee)* classe d'orgue, — *(ff)* 2e classe de mathématique, — *(gg)* 3e classe de piano.

. Façade méridionale et principale entrée rue S.te Victor.

Façade occidentale.

Rapporté à S. Ex.
le Ministre de l'intérieur. 1820.

Façade Orientale confrontant sur la grande cour.
Rapport à S. Ex.
le Ministre de l'Intérieur 182c.

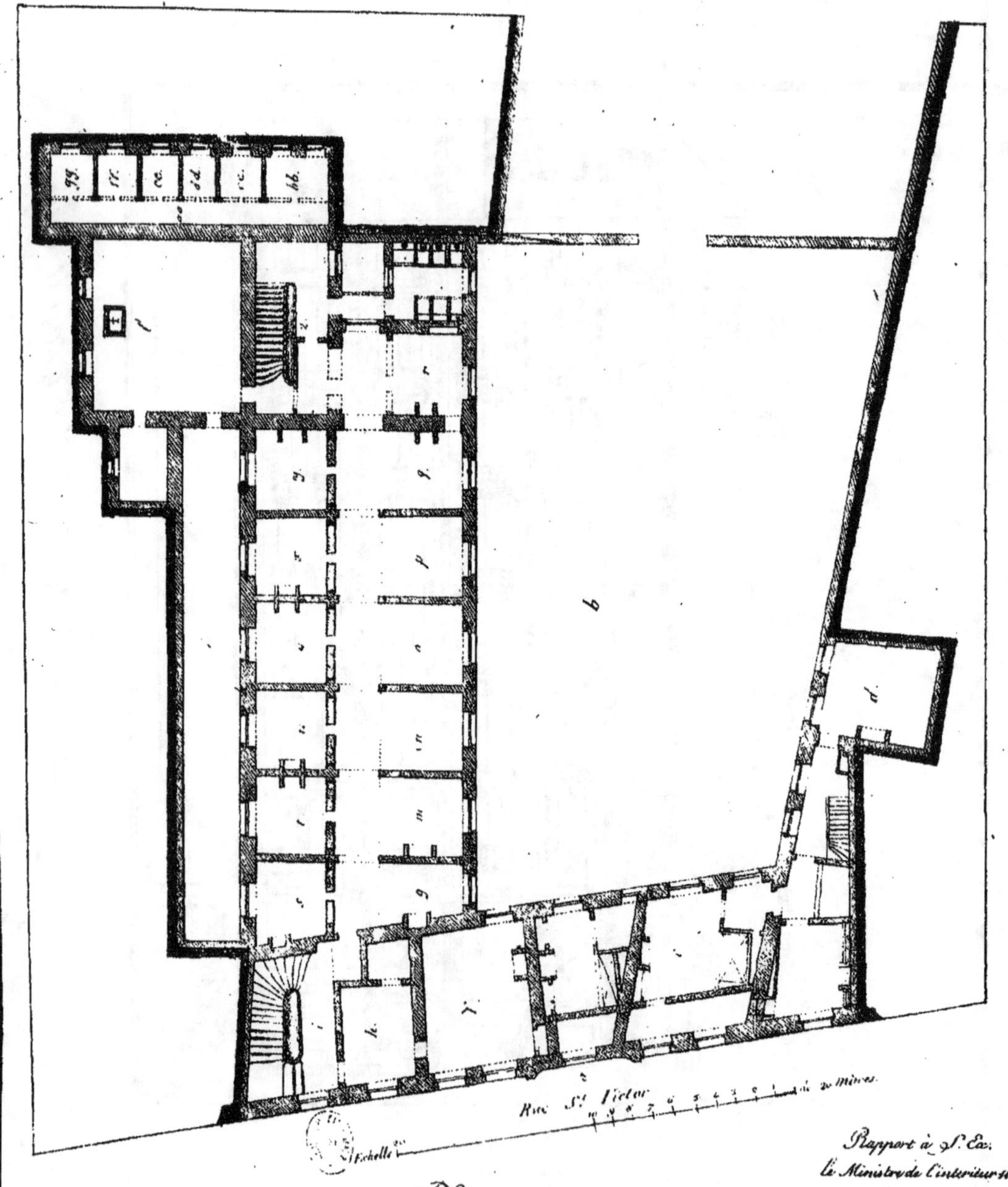

Plan géométrique.

Rapport à S. Ex.
Le Ministre de l'intérieur 1820.